KB119065

위대한 사상가 케빈 켈리의
현실적인 인생 조언

위대한 사상가 케빈 켈리의
현실적인 인생 조언

케빈 켈리 지음

김미정 옮김

EXCELLENT ADVICE FOR LIVING

위즈덤하우스

오늘 한 일을 365번 더 반복한다면
내년에는 원하는 위치에
도달할 수 있을까?

예순여덟 번째 생일날, 이제 성인이 된 자녀들에게 몇 가지 조언을 해주기로 했다. 조언을 자주 하는 사람이 아닌데도 쓰다 보니 금방 68가지를 채웠다. 놀랍게도 생각보다 해줄 말이 많았다. 그래서 그 뒤로 몇 년 동안 이런저런 충고의 말을 적어두었다가 생일날 가족과 친구들에게 나눴다. 그들은 더 많은 조언을 원했다. 하다 보니 내가 젊었을 때 알았더라면 좋았을 텐데 싶은 조언이 450가지나 됐다.

주로 오래전부터 전해져온 지혜를 나누고자 했다. 다른 사람들에게서 들은 조언, 과거부터 반복되어온 시대를 초월하는 지혜, 또는 내 경험에 부합하는 현대적 격언도 포함한다. 전부 내 식대로 표현하려고 노력하기는 했지만, 진정으로 독창적인 조언은 아닐 듯하다. 각각의 조언은 긴 글로 확장할 수 있는 씨앗이라고 생각한다. 사실 나는 이 중요한 교훈들을 간결하고 트윗 가능한 형태로 압축하는 데 많은 시간을 들였다. 여러분도 이 책을 읽으면서 이 씨앗들을 여러분의 상황에 맞게 키워보았으면 한다.

이 격언들이 여러분의 경험과 일치하는 듯하다면 여러분보다 어린 사람들과 나누기를 바란다.

케빈 켈리,
2023년 캘리포니아 주 패시피커에서

차례

You don't_____
have to_____
every_____
you are_____

*Chapter*_____

attend argument invited to.

요청받은 모든 논쟁에 참여할 필요는 없다

1

의견이 다른 사람,
감정을 상하게 하는 사람에게서도
배움을 얻는 법을 익혀라.
그들이 믿는 것에서
진실을 찾을 수 있는지 살펴보라.

열정적인 태도는
IQ가 25점 높아지는 것과 맞먹는다.

이야기를 잘 들어주는 것은 초능력이다.
사랑하는 사람의 이야기를 들을 때
모든 이야기가 나올 때까지
"그리고?"라고 계속 물어라.

항상 마감일을 요구하라.
그러면 비본질적이고
평범한 것들을 거르게 될 것이다.
마감일이 있으면 완벽하게 해내기 힘들기에
다름을 추구하게 된다. 다름이 더 낫다.

멍청한 소리일까 봐
질문하기를 두려워하지 마라.
99퍼센트의 경우 다른 사람들도 같은 의문을
품고서도 무안해질까 봐
물어보지 못하고 있기 때문이다.

인생의 프로토타입을 만들어보라.
거창한 계획을 세우지 말고
여러 가지를 시도해보라.

다른 사람들을 용서하는 순간,
그들은 알아차리지 못할 수 있지만
당신은 치유될 것이다.
용서는 다른 사람들을 위한 것이 아니라
우리 자신을 위한 선물이다.

못하는 게 있다는 사실은 창피할 수 있다.
하지만 무언가 배우는 중이라면 이는 대단한 일이다.
못하는 상태에서
아주 작은 걸음만 떼면 배우는 상태로 갈 수 있다.

다른 사람의 잣대로
당신의 삶을 평가하지 마라.

누군가가 무엇 때문에 화가 나는지 말할 때는
실제로 무엇 때문에 화나는지 말하는 것이다.

수집은 수집품을 내놓고 전시하고
사람들과 기쁘게 공유할 때만 유익하다.
그 반대라면 사재기일 뿐이다.

휴식을 취하는 것은 약하다는 신호가 아니라
강하다는 신호다.

여행의 중요한 부분은 두고 떠나는 것이다.
더 많이 두고 갈수록 더 멀리 나아갈 수 있다.

요청받은 모든 논쟁에
참여할 필요는 없다.

1년 전에는 참으로 무지했다 싶을 만큼
한 가지 주제를 깊이 공부하는 것은
가치 있는 한 해의 목표다.

사람들이 스스로 판단하지 않은 생각을
버리도록 설득할 수는 없다.

감사는 다른 미덕도 발휘되게 하며,
당신이 바라는 만큼 더 키울 수 있다.

해야 할 일들 때문에 불안할 때는
이미 끝낸 일들을 생각하며 위안으로 삼아라.

식사를 대접하는 것은 실패하는 법이
없으면서도 쉽게 할 수 있는 일이다.
오랜 친구에게도 아주 효과적이고
새로운 친구를 사귀기에도 아주 좋은 방법이다.

고통은 불가피하다.
그러나 고통을 두고 괴로워할지는 선택 사항이다.

집 안 여기저기를 살핀 끝에
찾은 물건이라면 사용한 다음에는
찾아낸 곳에 도로 갖다 두지 마라.
제일 먼저 그것을 찾아본 장소에 두어라.

다양하게 몸을 움직이면 건강해진다.

절대 신용카드로 외상 구매를 하지 마라.
신용, 즉 빚으로 사도 괜찮은 것은
주택처럼 교환가치가 증가할 가능성이
매우 큰 물건뿐이다. 물건들 대부분은 구매하는
순간부터 교환가치가 감소하거나 사라진다.
쓸데없는 물건을 위해 빚지지 마라.

자신을 이해하는 아주 좋은 방법은
다른 사람들에게 거슬리는 점들을
전부 진지하게 성찰해보는 것이다.

터무니없이 야심 찬 목표는
기준이 대단히 높게 설정되어 있기에
당신의 노력이 실패로 돌아가도
평범한 성공을 넘어설 수 있다는 장점이 있다.

소득의 10퍼센트를 기부하면
구매력의 10퍼센트를 잃게 되지만
이는 110퍼센트 증가할 행복감에 비하면
사소한 문제다.

가장 좋은 학습 방법은
자신이 아는 것을 가르쳐보는 것이다.

옳음이냐 친절이냐를 선택할 수 있을 때는
항상 친절을 선택하라.
예외는 없다. 친절과 나약함을 혼동하지 마라.

우리에게는 통과의례가 부족하다.
자녀가 법적 성인이 되는 해에
기억에 남을 만한 가족 행사를 마련해보자.
그 순간은 그들의 인생에서
중요한 기준점이 될 것이다.

협상에서 동의를 끌어내는 가장 좋은 방법은
상대에게 그 동의가 무엇을 의미하는지
진정으로 이해해보는 것이다.

Recipe for___
Become just
better than ___
last year.___

greatness: a teeny bit you were

위대함으로 가는 비결은 작년보다
아주 조금 더 나아지기를 매해 반복하는 것이다

2

위대함으로 가는 비결은 작년보다
아주 조금 더 나아지기를 매해 반복하는 것이다.

무엇을 보았는지 알 수 있게
그림으로 그려보라.
무슨 생각을 하는지 알 수 있게 글로 써보라.

어떤 길을 택해야 할지 결정할 수 없을 때는
언제나 변화를 가져오는 길을 선택하라.

가장 빠른 계산대 줄은
카트에 실린 물건이 얼마나 되든
사람이 가장 적게 서 있는 줄이다.

오늘은 화를 내지 말기로 하자.

영감보다 훨씬 신뢰할 수 있는 것이 습관이다.
발전을 원한다면 습관으로 만들어라.
몸매를 관리하는 데 집중하지 마라.
운동을 절대 거르지 않는 사람이 되는 데 집중하라.

당신이 그 자리에서 가장 똑똑한 사람이라면
모임을 잘못 고른 것이다.
당신보다 똑똑한 사람들과 어울리며
그들로부터 배워라.
당신과 의견이 다른 똑똑한 사람들을
찾아본다면 더욱더 좋다.

범상치 않은 주장을 믿으려면
특별한 증거를 요구해야 한다.

대화에서 3의 법칙을 지켜라.
진정한 이유를 알고 싶으면
상대방에게 방금 한 이야기보다
자세히 설명해보라고 요청하라.
한 번 더, 또 한 번 더 그렇게 요청하라.
세 번째 대답이 가장 진실에 가깝다.

프로도 아마추어만큼이나 많은 실수를 한다.
다만 실수에서 우아하게 회복하는 법을
배웠을 뿐이다.

최고가 아니라
유일한 존재가 되어라.

모든 사람이 낯을 가린다.
다른 사람들은 당신이 먼저 자기소개를 해주고,
이메일을 보내주고,
데이트를 청하기를 기다린다.
그러니 당신이 나서라.

당신이 다른 사람들에게 관심을 가질수록
그들도 당신에게 흥미를 느낄 것이다.
관심을 받으려면 관심을 가져라.

누군가에게 거절당했을 때
개인적으로 받아들이지 마라.
그 역시 당신처럼 바쁘고, 시간이 없고,
다른 일에 정신이 팔려 있다고 생각하라.
나중에 다시 시도하라.
두 번째 시도에서 성공하는 경우가
놀라우리만치 많다.

습관의 목적은 그 행동을 타협 대상에서
배제하는 데 있다.
습관이 되면
더 이상 그것을 할지 말지 결정하느라
에너지를 쓰지 않는다. 그냥 한다.
진실을 말하는 것부터 치실의 사용까지
다양한 좋은 습관을 길러라.

신속함은 존중의 표시다.

젊을 때 적어도 6개월에서 1년 정도
작은 방이나 텐트에서 콩과 쌀만 먹으며
최대한 돈 없이 생활해보라.
그러면 장차 어떤 위험을 감수해야 할 때에도
최악의 시나리오가 두렵지 않을 것이다.

정말이다. '그들'이란 없다.*

• 우리와 그들을 구분하고 배척하지 말라는 의미—옮긴이 주

작은 일에 신경 써라.
산보다 물집으로 인해 등산에 실패한 사람이 더 많다.

사람들을 이끌 때
그들에게 기대하는 바를 밝혀라.
그 기대는 그들 스스로
기대하는 바보다 클 수 있다.
그들이 더 좋은 평판에 다가갈 수 있게 하라.

다른 사람에게 피드백을 요청하면
비평가가 되어줄 것이다.
그러나 조언을 요청하면
파트너가 되어줄 것이다.

황금률은 언제나 유효하다.
그것은 다른 모든 덕목의 기초다.

괜찮은 것을 만들려면 그냥 만들어라.
훌륭한 것을 만들려면 다시 만들고,
다시 만들고, 또다시 만들어라.
좋은 것을 만드는 비결은 고쳐 만드는 데 있다.

정직한 사람을 속이기는 어렵다.
이는 진실이다.

발로 걸으며 생각하거나
손으로 메모하면서 생각함으로써
사고를 확장하라. 뇌로만 생각하지 마라.

처음에는 가장 저렴한 도구를 찾아서 구입하라.
자주 쓰는 도구들이라면 업그레이드해보자.
그리고 일 때문에 사용하게 되는 도구라면
자신이 감당할 수 있는 선에서
가장 좋은 것을 구입하라.

"이 일을 하지 않으면 벌어질 수 있는 최악의
상황은 무엇인가?"라고 스스로 질문하여
할 일을 줄여나가라.
대참사가 되지 않을 일들은 전부 없애라.

출입이 허용되지 않을 수도 있는 장소를
통과하려면 그곳에 속한 사람처럼 행동하라.

자신의 실수를 책임지는 것만큼
사람의 격을 올려주는 것은 없다.
실수했다면 인정하라.
그것에 얼마나 강력한 힘이 있는지
놀라게 될 것이다.

증오는 증오의 대상에게는
영향을 미치지 않는 저주로
증오하는 사람만 해친다.
마치 독인 것처럼 원한을 놓아버려라.

보수가 가장 많다는 이유로
특정한 일자리를 선택하지 마라.

고객에게 집착할 수도 있고
경쟁에서 이기는 데 집착할 수도 있다.
둘 다 효과가 있지만 그중 고객에 대한 집착이
더 큰 발전을 가져다 줄 것이다.

"아니요"는 이유가 없더라도
받아들일 만한 답변이다.

창작과 개선 과정을 분리하라.
글쓰기와 편집, 조각과 다듬기, 만들기와 분석을
동시에 할 수는 없다. 그렇게 한다면
내 안의 편집자가 창작자를 막을 것이다.
창작하는 동안에는 선택하지 마라.
스케치하는 동안에는 점검하지 마라.
초고를 쓰는 동안에는 숙고하지 마라.
처음에는 창작자의 마음이
판단에서 해방되어야 한다.

가끔 쓰러지지 않는다면
설렁설렁 하고 있어서다.

아마도 직관에 가장 반하는 우주의 진리는
남에게 베풀수록
내가 얻는 게 더 많다는 사실일 것이다.
이를 이해하는 것이 지혜의 시작이다.

계속 참석하라.
성공의 99퍼센트는 참석에 달렸다.
사실 대부분의 성공은 그냥 끈기다.

친구가 돈보다 낫다.
돈으로 할 수 있는 거의 모든 일을
친구가 더 잘 할 수 있다.
여러모로 보트를 가진 친구가
보트를 소유하는 것보다 낫다.

물건을 잃어버렸을 때 95퍼센트의 경우
마지막으로 봤던 곳에서 손이 닿는 거리에 있다.
그 반경 안에서 있음 직한 곳을
전부 뒤지면 찾게 될 것이다.

Art is _____
in what you___

_____

_____

*Chapter*_____

leave out.

예술은 적절한 덜어내기다

3

휴가 + 재앙 = 모험.

서두르지 마라.
서두를 때는 더 쉽게 속거나 조종당한다.

용서란 당신이 절대 받지 못할
사과를 받아들이는 것이다.

습관을 기르려면 '할 수 있다, 할 수 없다'에서
'한다, 하지 않는다'로 말하는 것부터 바꿔라.
흔들리는 선택이 아니라
흔들림 없는 정체성에 무게를 두자.

필요 이상으로 관대해져라.
죽음을 앞두고 그간 너무 많이 베풀었다고
후회한 사람은 아무도 없었다.
그 묘지에 묻힌 사람 중 가장 부유한 사람이
되는 것은 아무런 의미가 없다.

당신에게는
선생님, 부모님, 고객, 팬, 친구들이 필요하다.
당신이 어떤 사람이 되어가고 있는지
당신보다 먼저 알아볼 이가 그들이기 때문이다.

시작했을 때보다
얼마나 나아질 수 있는가에는 한계가 없다.
즉, 개선에는 한계가 없다.

큰 프로젝트를 90퍼센트 완료했을 때
최종 세부 사항을 마무리하는 작업의
90퍼센트가 또 남았으니 준비하자.
주택과 영화는 마무리 작업에
많은 시간이 소요되는 것으로 유명하다.

늙기 전에 최대한 많은
장례식에 참석하고 귀를 기울여보라.
아무도 고인의 업적에 대해 말하지 않는다.
사람들은 오로지 당신이 업적을 쌓는 동안
어떤 사람이었는지만 기억할 것이다.

현실의 모든 것은 있을 법한 허구에서 시작된다.
그러므로 상상력은
우주에서 가장 강력한 힘이다.
그리고 기를 수 있는 능력이다.
다른 사람들이 알고 있는 것을 무시하는 것이
유일하게 도움이 되는 삶의 기술이다.

위기가 닥쳤을 때 놓치지 마라.
문제가 없으면 발전도 없다.

진짜로 유명해지고 싶지는 않을 것이다.
누구든 유명한 사람의 전기를 한번 읽어보라.

휴가 때는 도시를 지나쳐 가장 외진 곳부터 갔다가
마지막에 대도시로 돌아오도록 일정을 짜보자.
외진 곳에서 색다름의 충격을 최대로 경험하면 돌아올 때
분주한 도시가 주는 익숙한 편리함이 반가울 것이다.

앞으로는 어떤 일을 해달라는
요청을 받으면 이렇게 자문해보자.
내일 부탁받더라도 이 일을 할까?
긴급성 필터를 통과할 약속은
그리 많지 않을 것이다.

당사자에게 직접 말하기 불편한
누군가의 이야기를 이메일로 하지 마라.
그 이야기가 결국에는
당사자의 귀에도 들어갈 것이기 때문이다.

단지 일자리가 필요하다고
읍소하며 채용해달라고 요청하는 사람은
사장에게 또 다른 문젯거리일 뿐이지만
사장이 지금 겪고 있는 여러 문제를 해결해줄 수
있다고 하는 사람은 채용될 것이다.
채용되기 위해서는 사장처럼 생각하라.

요청이 수반된 칭찬은 칭찬이 아니다.

예술은 적절한 덜어내기다.

물건을 손에 넣는다고 해서
깊은 만족감을 느끼는 경우는 드물다.
하지만 경험을 얻으면
깊은 만족감을 느끼게 될 것이다.

당신의 행동이 곧 당신이다.
무슨 말을 하고, 무엇을 믿고,
어디에 투표하는가가 아니라
무엇을 위해 시간을 쓰느냐가 곧 당신이다.

연구의 7 법칙:
7단계를 거칠 의향만 있으면 무엇이든 알아낼 수 있다.
첫 번째로 질문한 사람이 모른다면 다음으로
누구에게 물어봐야 하는지 물어보고, 그 사람도 모르면
또 누구에게 물어봐야 할지 물어보라.
일곱 번째 정보원까지 알아볼 용의만 있으면
거의 항상 답을 얻을 것이다.

행복을 맛보려면 잠깐 시간을 내어
모르는 사람에게 그가 한 일을 칭찬하라.

당신에게 고약하게 굴거나, 증오를 표하거나,
심술궂게 구는 사람이 있을 때 그런 행동을
그가 겪는 고통이나 질병처럼 여겨라.
그러면 그 사람에게 공감하기가 더 쉬워져
갈등이 완화될 수 있다.

잡동사니를 치우면
진정한 보물을 위한 공간이 생긴다.

전화로 하는 권유나 제안에는
절대로 응하지 마라.
긴급함을 위장한 사기다.

경험은 과대평가되고 있다.
대부분의 획기적인 성과는
그 일을 처음 해보는 사람들이 이루어낸다.
따라서 채용할 때는 적성과 태도를 보고
채용한 다음 기술을 교육하라.

사과는 신속하게, 구체적으로,
진심으로 해야 한다.
변명으로 사과를 망치지 마라.

이발할 때가 됐는지 이발사에게 굳이 묻지 마라.
그의 인센티브에 주목하라.

어릴 적 특이하게 여겨졌던 당신의 특성이
어른이 되어서는 당신을 훌륭하게 만들 수 있다.
그 특성을 잃지 않는다면 말이다.

자신이 무엇에 열정이 있는지 모르고서
기쁨만 좇다 보면 무기력해진다.
젊은이들 대부분에게 더 나은 길은
'무언가에 숙달되는' 것이다.
한 가지에 숙달되고 나면 그 관점을 통해
자신이 어디서 기쁨을 느끼는지 꾸준히 찾게 될 것이다.

Life gets_____
better as_____
transactions

Chapter _____

you replace with relationships.

거래를 관계로 대체할수록 삶이 더 나아진다

4

군중이나 취객을 진정시키려면
속삭이면 된다.

무언가를 빌려줄 때는 선물한 셈 쳐라.
그랬다가 돌려받는다면 놀랍고 기쁠 것이다.

"내가 왜 아직 이것을 하고 있지?"라는 생각을 하는 데
너무 어린 나이란 없다.
그에 대한 좋은 답을 가지고 있기만 하면 된다.

발코니나 베란다는 세로 폭이
최소 6피트(2미터)는 되어야 한다.
그렇지 않으면 사용하지 않게 될 것이다.

거래를 관계로 대체할수록
삶이 더 나아진다.

장기간에 걸친 소액 투자는 기적을 일으키지만
천천히 부자가 되고 싶은 사람은 아무도 없다.

중요한 것을
계속 중요하게 여기는 것이 중요하다.

팁을 얼마나 주어야 할지 잘 모르겠으면
많이 주어라.

자녀를 강하게 키우려면
가족의 특징을 정확히 표현하여
가족에 대한 소속감을 강하게 만들자.
자녀들이 "우리 가족은 X를 한다"라고
자랑스럽게 말할 수 있어야 한다.

과거의 자신이 부끄럽지 않다면
아마도 아직 미성숙해서일 것이다.

가족 간 언쟁 중에는
'너'라는 단어를 쓰지 마라.

짐을 한 번에 옮길 수 있을지
조금이라도 의심이 든다면
자신을 위해 두 번에 나눠 옮겨라.

장기적으로 보면 미래는
낙관주의자들에 의해 결정된다.
낙관주의자가 되기 위해 우리가 만들어내는
수많은 문제를 못 본 척할 필요는 없다.
문제를 해결하는 우리의 능력이
얼마나 향상될지 상상하기만 하면 된다.

다른 사람의 긴박함이
당신의 긴박함이 되지 않게 하라.
어떤 종류의 긴박함에도 휘둘리지 말고,
중요성에 집중하라. 긴박함은 폭군이다.
중요성이 왕이 되어야 한다.
긴박함의 폭정을 타도하자!

부끄러워하지 말고
기력 회복을 위해 20분간
낮잠을 자는 법을 배워라.

역설적이게도 세상에서 가장 나쁜 악행은
자신이 악과 싸우고 있다고 진심으로
믿는 사람들이 저지른다.
악에 맞설 때 자기 자신을 극도로 경계하라.

사람들에 대한 친절한 칭찬을
추도사로 미뤄두지 마라.
그들이 살아 있는 동안, 칭찬이 그들에게 변화를
가져올 수 있을 때 말해주어라.
그들이 보관할 수 있도록 편지로 써주자.

두려움은 상상력의 부족에서 비롯된다.
두려움의 해독제는 용기가 아니라 상상력에 가깝다.

직원들이 다른 직장을 구할 수 있을 정도로
잘 훈련하되, 결코 이직하고 싶지 않을 정도로
대우를 잘해주어라.

실패하리라고 생각했던 부분에서
실패한다면
실패가 아니다.

슈퍼히어로와 성인은
결코 예술 작품을 만들지 않는다.
불완전한 존재만 예술 작품을 만들 수 있다.
예술은 상처 입은 마음에서 시작되기 때문이다.

누군가 다단계 사기가 아니라고
당신을 설득하려 한다면 그것이 다단계 사기다.

돈을 벌기 위해 무언가를 만들지 마라.
돈을 벌어서 무언가를 만들 수 있게끔 하라.
잘한 일에 대한 보상은 더 많은 일이다.

출입문은 원래 상태로 두고 떠나라.

100년 후에는 지금 우리가 참이라고 여기는 많은 사실이
틀린 것으로 판명될 것이다.
어쩌면 당황스러울 만큼 그럴 것이다.
따라서 오늘 스스로 던질 좋은 질문은
"내가 무엇을 틀렸을 수 있을까?"이다.
이것이야말로 걱정할 가치가 있는 유일한 질문이다.

보라인(bowline) 매듭• 묶는 법을 배워라.
어둠 속에서 한 손으로도 묶을 수 있게 연습하자.
평생 이 매듭을 생각보다 많이 사용하게 될 것이다.

• 미끄러지거나 엉키지 않게 로프의 끝을 느슨하게 고정하는 형식으로 묶는 매듭으로,
주로 산악 등반이나 암벽 등반 시에 활용한다. — 옮긴이 주

아무도 말을 해줄 수 없는 일을 할 때
가장 큰 보상이 따른다.
가능하다면 이름도 아직 붙여지지 않은
새로운 분야에서 일하도록 하라.

원대한 목표를 향해 가는 길에 거둔
작은 성공 하나하나를
최종 목표를 달성한 듯이 축하해보자.
그러면 어디서 끝나든 목표를 달성한 게 된다.

사랑을 제외한 모든 일은 출구 전략부터 세워라.
결말을 준비하라.
거의 모든 일이 들어가기보다
빠져나오기가 더 어렵다.

다른 사람들이
당신을 좋아하게 만들려 하지 말고
존경하게 하는 것을 목표로 삼아라.

당신 잘못이 아니라고 해서
당신 책임이 아닌 것은 아님을 아는 것이
성숙의 기본이다.

하나의 좋은 아이디어가 나오기까지
수많은 나쁜 아이디어가 필요하다.

미래를 예측할 때 어려운 부분은
당신이 예상하는 미래상을 전부 잊는 것이다.

뒤에서 사람들을 칭찬하라.
당신에게 칭찬이 돌아올 것이다.

대부분의 벼락 성공, 사실상 모든 중요한 성공을
거두는 데는 최소한 5년이 걸린다.
그에 따라 인생을 계획하라.

조부모는 부모의 역할이 아니라
조부모의 역할을 해야 한다.
부모의 집에서는 부모의 원칙,
조부모의 집에서는 조부모의 원칙대로 하라.

당신에게는 시간이 더 필요한 게 아니다.
왜냐하면 시간은 이미 충분히 주어졌기 때문이다.
당신에게 더 필요한 것은 집중력이다.

어리석은 사람은
똑똑한 사람이 처음부터 했던 일을
마지막에 하게 된다.

행복한 결혼 생활을 위해서는
교대로 상대가 항상 옳다고 해주어라.

가격을 광고하지 않는 상품은
감당할 수 있는 가격보다 비싸다는 신호다.

모든 사람의 시간은 유한하며 줄어들고 있다.
돈을 가장 잘 활용하는 길은
다른 사람의 시간을 사는 것이다.
가능하면 사람을 고용하고 아웃소싱하라.

모욕에 대한 최선의 대응은
"당신 말이 맞을 겁니다"이다.
그럴 경우가 많다.

어떤 이유로든 계좌 정보를 요구하는 사람들은
결백이 입증되지 않는 한 사기를 치고 있다고 간주하라.
그들의 결백을 입증할 방법은 그들에게 다시 전화를 걸거나,
그들이 제공한 번호나 웹사이트가 아니라 당신이 입력한 정보로
로그인해보는 것이다. 그들이 전화, 문자, 이메일로
연락해오면 어떤 신원 정보도 공개하지 마라.
당신이 채널을 통제해야 한다.

두려움은 사람들이 어리석은 짓을 하게 하므로,
두려움 속에서 행해진 어떤 것도 신뢰하지 마라.

자신에게는 엄격하고
타인은 관대하게 봐주어라.
그 반대로 할 때 모두에게 지옥이 된다.

If you can't _____
you _____
need, _____
it's probably

Chapter _____

___ tell what desperately

___ sleep.

자신에게 절실히 필요한 것이 무엇인지
알 수 없다면 아마도 수면일 것이다

5

다른 사람의 인정을 받고자 하는 마음을
피할 수 있다면 당신의 힘은 무한하다.

열정은 자신에게 꼭 맞는 것이어야 하지만
인생의 목적은 자신을 능가하는 것이어야 한다.
자신보다 훨씬 큰 목적을 위해 일하라.

아이가 끝없이 "왜?"라고 질문할 때
가장 현명한 대답은
"모르겠는데 넌 어떻게 생각해?"이다.

성공의 비결은 약속은 적게,
이행은 약속한 이상으로 하는 것이다.

당신의 일정표를 보여주면
당신의 우선순위를 말해줄 수 있다.
당신의 친구들을 알려주면
당신이 무엇을 목표로 하는지 말해줄 수 있다.

다른 사람들과 브레인스토밍하고,
즉흥적으로 의견을 나눌 때
각각의 의견에 "아니요, 하지만…"이라는 김빠지는 대답 대신
"예, 그리고…"라고 쾌활하게 응대한다면
더 깊이 있게 논의를 발전시킬 수 있을 것이다.

소유하기 위해서가 아니라
원하는 존재가 되기 위해 일하라.

다른 사람들의 약점을 생각하는 것은 쉽다.
자신의 약점을 생각하는 것은 어렵지만
훨씬 더 큰 보상을 받을 수 있다.

어릴 때는 자신보다 나이가 많은 친구를,
나이가 들면 자신보다
나이가 적은 친구를 사귀도록 하라.

인생의 사명이 무엇인지 알게 되면
그 사명을 완수하게 될 것이다.
당신의 목적은
당신 인생의 목적을 알아내는 것이다.
패러독스가 아니다.
이것이 올바른 길이다.

날카로운 것들은 항상 멀리하라.

침착함은 전염성이 있다.
침착함으로 다른 사람들에게 도움을 주어라.

무언가가 문제라고 사람들이 말할 때는
대개 그 말이 옳다.
그것을 어떻게 해결해야 한다고 말해줄 때는
대개 그 말은 틀렸다.

생각을 바꾼다는 것은 그만큼 젊다는 것이다.

히치하이킹할 때는
당신이 태워주고 싶을 사람처럼 보이도록 하라.

거듭 말해줄 가치가 있는 사실:
자르기 전에 두 번 재라.

돈은 과대평가되고 있다.
새로운 것을 발명하는 데는 별로 많은 돈이 필요하지 않다.
만약 그렇다면 오로지 억만장자들만 새로운 것들을
발명할 텐데 그렇지 않다. 오히려 돈이 부족한 사람들이
대부분의 획기적인 것들을 발견해낸다.
획기적인 발견이 돈으로 살 수 있는 것이라면
부자들이 샀을 것이다. 새로운 것의 발명에는
돈보다는 열정, 끈기, 믿음, 독창성이 필요한데
이는 흔히 가난하고 젊은 사람들에게 많은 자질이다.
그러니 계속 갈망하라.

자신에게 절실히 필요한 것이 무엇인지
알 수 없다면 아마도 수면일 것이다.

다른 사람들이
당신을 어떻게 생각하는지 무시하라.
그들은 당신을 생각하고 있지 않을 것이기 때문이다.

하루에 한 가지씩 감사한 일을 적는 것은
가장 저렴한 심리 치료법이다.

못된 인간을 만나면 무시하라.
매일 어디서나 못된 인간들을 만난다면
자신을 더 깊이 들여다보라.

행동을 바꿔 생각하는 방식을 바꾸는 것이
생각하는 방식을 바꿔 행동을 바꾸는 것보다 훨씬 쉽다.
그러므로 자신이 원하는 변화를 행동으로 옮겨라.

쥐를 본 것 같다면 실제로 쥐가 있는 것이다.
그리고 한 마리가 있으면 더 있을 것이다.

어떻게 또는 어디서 시작해야 할지 걱정하지 마라.
일단 계속 나아가기만 하면
시작점에서 먼 곳에서 성공이 찾아올 것이다.

알람이 울릴 때 다시 울림 버튼을 누르지 마라.
그것은 늦잠을 자도록 훈련하는 것이다.

"어떻게 지내세요?" 대신
"잠은 잘 주무시나요?"라고 안부를 물으면
그 사람에 대해 훨씬 많은 것을 알게 될 것이다.

웬만하면 필요 이상의 말을 하지 말라.

사람들과 연락할 때마다
좋은 일을 가져다주어라.
그러면 당신이 문제를 들고 와도
반갑게 맞이할 것이다.

열대지방도 밤에는 생각보다 추워진다.
따뜻한 옷을 챙겨가라.

가치 있는 프로젝트 작업은 한도 끝도 없다.
일을 제한할 수는 없으므로
시간을 제한해야 한다.
당신이 관리할 수 있는 것은 일이 아니라
시간뿐이기 때문이다.

누군가의 어리석은 믿음은
왜 그 사람이 그렇게 믿는지 이해하면
덜 짜증스러울 수 있다.

지금이 무언가를 만들어내기에 가장 좋은 때다.
지금으로부터 20년 후의 가장 위대하고 멋진
창조물은 아직 발명되지 않았다.
당신은 늦지 않았다.

영웅시 하는 인물의 영향력을 넘어서려면
학생처럼 부끄럼 없이 모방하여
완전히 체득하라.
그것이 모든 대가들의 방식이다.

완벽해야만 멋진 것은 아니다.
결혼식은 특히 그렇다.

About 99%

the right time is

time is

Chapter _____

of the time, right now.

약 99퍼센트의 경우 적절한 때는 바로 지금이다

6

무언가가 막히면 하룻밤 자면서 생각하라.
잠재의식에 과제를 주고 잠에 들자.
아침에 답을 얻을 수 있을 것이다.

부, 관계, 지식 등 인생에서 가장 큰 보상들은
모두 작은 이익을 꾸준히 증폭하는
복리의 마법에서 나온다.
풍요로움을 위해서는 정기적 지출에
1퍼센트씩 계속 더해나가라.

오직 세 입만 먹는다면
원하는 어떤 디저트든 먹어도 된다.

사람들이 나쁜 만큼
나쁘게 대하지 말고
당신이 선한 만큼 선하게 대하라.

아이들은 가족의 규칙을 전적으로 받아들이고 갈망한다.
부모가 가족의 규칙을 정할 때
"우리 가족에게는 X에 대한 규칙이 있다"라는 명분만 대면 된다.
사실 개인적 지침에는
"나는 X에 대한 규칙이 있다"라는 명분만 있으면 된다.

꼼짝하지 않는 볼트나 나사를 마주했을 때
조이려면 오른쪽, 풀려면 왼쪽이란 것만
기억하면 된다.

나쁜 일은 빠르게 일어날 수 있지만
좋은 일은 거의 대부분 천천히 일어난다.

우리 인간은 영혼이 깃든 육신이 아니라
우리가 선택하지 않았지만
보살펴야 할 육신을 부여받은 영혼이다.

계획된 일정이 없는 목표라면 꿈일 뿐이다.

좋은 조상이 되어라.
미래 세대가 감사할 일을 하라.
아주 간단한 일은 나무를 심는 것이다.

사람들은 연설에서
세 가지 이상의 요점을 기억하지 못한다.

최고의 돌파구는
정말 힘든 일처럼 보이기 때문에
놓치게 마련이다.

비범한 사람이 되려면 책을 읽어라.

유한 게임은 승패를 위해 한다.
무한 게임은 게임을 계속하기 위해 한다.
무한한 보상을 제공하는 무한 게임을 찾아내라.

성공하려면
다른 사람들이 당신에게 돈을 내게 하고,
부유해지려면
다른 사람들이 성공하도록 도와주어라.

당신의 의견이 아니라
행동이 세상을 바꿀 것이다.

돈으로 쉽게 해결할 수 있는 문제는
해결책이 분명하므로 사실상 문제가 아니다.
해결책이 명확하지 않은 문제에 집중하라.

당신이 만나는 모든 사람은
당신이 사실상 아무것도 모르는 문제에 대해
놀랍도록 많은 것을 알고 있다.
분명히 드러나지 않을 그것이 무엇인지
알아내는 것이 당신의 임무다.

평범함에 알레르기가 생기도록 하라.

적과 싸우려면 그의 친구가 되어라.

당신이 주식을 매수할 때 매도자는
그것의 가치를 당신보다 낮게 보는 것이다.
당신이 주식을 매도할 때 매수자는
그것의 가치를 당신보다 높게 보는 것이다.
주식의 매도나 매수를 앞둘 때마다
자신에게 물어보라.
"사람들이 모르는 무엇을 내가 알고 있을까?"

결혼은 한 사람과 하는 것이 아니라
한 가족과 하는 것이다.

자녀들을 다정하게 대하라.
당신의 요양원을 선택해줄 이가 그들이다.

약 99퍼센트의 경우
적절한 때는 바로 지금이다.

모든 총은 장전되어 있다고 여겨라.

당신을 사랑하는 사람을 12명 만들어라.
그들이 당신을 좋아하는 1,200만 명보다
더 가치가 있다.

항상 신속하게 공은 돌리고,
책임은 져라.

열정적으로 하는 일을 제외한
모든 것에 검소하라.
아낌없이 돈을 쓸 몇 가지 관심사를 선택하라.
모든 것을 절약하여
열정을 쏟는 일에 돈을 쓸 수 있게 하라.

자신을 관리하려면 머리를 쓰고,
다른 사람들을 관리하려면 마음을 써라.

엉덩이를 흔들며 춤춰라.

이메일의 받은 편지함이
다른 사람들이 짜놓은
업무 목록이 되지 않도록 하라.

엉킨 것을 푸는 가장 좋은 방법은
매듭을 '푸는' 것이 아니라
고리를 점점 넓히는 것이다.
뒤엉킨 고리를 최대한 크고, 느슨하게 벌려라.
고리를 벌리면 매듭은 저절로 풀릴 것이다.
전선이나 끈, 호스, 실, 전자기기 케이블에
이 방법을 적용할 수 있다.

뭐든 간단한 일 한 가지를
마치 그것이 세상에서 유일한 일처럼
또는 그 안에 온 세상이 있는 것처럼
매우 진지하게 받아들여라.
그렇게 진지하게 받아들이면 하늘을 밝힐 수 있다.

무언가를 만들 때는 여분의 재료, 여분의 부품, 여분의 공간,
여분의 마감재 등 약간의 여분을 확보하라.
여분은 실수에 대한 백업 역할을 해주고,
스트레스를 줄여주며, 미래에 대비한 재고를 채워준다.
여분은 가장 저렴한 보험이다.

당신만큼 당신의 소유물에
감격하는 사람은 없다.

당신이 되고 싶지 않은 사람과는
절대 일하지 마라.

Ask funders and they'll _ advice; _____ advice, and _ they'll give _

Chapter _____

for money, give you but ask for

you money.

투자자에게 돈을 요청하면 조언을 해주지만
조언을 구하면 돈을 줄 것이다

7

비밀은 없다.
반갑지 않은 소식은
직접 전달하는 편이 훨씬 낫다.
비밀이 지켜지는 경우는 거의 없기에
말을 퍼뜨리는 사람이 반드시 나온다.
한편 비밀은 그것을 아는 모든 사람을 잠식한다.
그러므로 비밀이라고 하면 듣지 마라.

팽창하는 세계는 풍요로 넘쳐난다.
너무 꽉 차서 덜어내기만 해도
나아지는 경우가 많다.
더는 덜어낼 수 없을 때까지 계속 덜어내라.
그런데도 더 덜어내고 싶어질 때까지.

하루 중 어느 시간에
자신이 가장 생산적인지 파악하고
해당 시간대를 확보하라.

경험은 재미있고 영향력의 행사는 보람되지만
우리는 자신의 중요성을 느낄 때만 행복하다.
그러니 중요한 일을 하라.

위대함은 단기적인 최적화와 양립할 수 없다.
위대함에 도달하려면
장기적인 관점이 필요하다.
시간의 지평을 넓혀 목표를 높여라.

아무리 경이로운 일이라도
너무 자주 반복되면 금세 대수롭지 않게 느껴진다.
일생 한 번이 최적의 간격인 경우가 많다.

페인트 통을 열면 아무리 조심해도
아주 조금이라도 옷에 묻기 마련이다.
그 점을 고려해 옷을 입어라.

효율적으로 규칙을 깨뜨리려면
먼저 성실히 규칙에 따라야 한다.

음악가나 길거리 공연자의 연주를
1분 이상 서서 감상한다면
1달러는 주어야 한다.

확률과 통계를 배우는 것이
대수학과 미적분학을 배우는 것보다
훨씬 더 유용하다.

게임에서 이기는 것이 너무 중요해지면
규칙을 바꿔 더 재미있게 만들어라.
규칙의 변경이 새로운 게임이 될 수 있다.

가장 위대한 스승은 바로 '행하기'이다.

'하지만' 이전에 한 말은
어떤 것도 중요하지 않다.

빌린 물건은 깨끗한 상태로 돌려주어라.
용변을 본 후에는 변기 시트를 내려놓아라.
운전 중에는 끼어들기를 허용하라.
쇼핑 카트는 지정된 장소에 반납하라.
엘리베이터는 타고 있던 사람들이 내린 다음에 타라.
이런 예의 바른 행동에는 돈이 들지 않는다.

양측 사이에 논쟁이 있을 때마다
제3의 입장을 찾아보라.

운동이건 우정이건 일이건
노력의 일관성이 양보다 중요하다.
매일 하는 작은 일들보다 중요한 것은 없다.
이는 가끔 하는 어떤 일보다 훨씬 더 중요하다.

사람들을 이끌 때 더 많은 추종자가 아니라
더 많은 리더를 만드는 것이 리더의 진정한 책무다.

학생들의 모든 역량을 끌어내는 것이
교사의 의무이고 교사에게서
모든 것을 배우는 것이 학생의 의무다.

효율성은 매우 과대평가되고 있고
빈둥거림은 매우 과소평가되고 있다.
정기적인 휴일, 안식년, 휴가, 휴식,
목적지 없는 산책의 계획은
모든 일에서 최고 성과를 내는 데 필수다.
최고의 근로 윤리에는
최고의 휴식 윤리가 필요하다.

말할 때는 자신이 옳은 듯이 당당하게 말하고,
남의 말을 들을 때는
자신이 틀린 듯이 귀를 기울여라.

생산성에 주의를 빼앗기는 경우가 빈번하다.
최대한 빨리 작업을 완료할 수 있는
더 나은 방법에 목표를 두지 말고
절대 멈추고 싶지 않은
더 나은 작업에 목표를 두어라.

여행의 즐거움은 짐의 크기와 반비례한다.
배낭여행의 경우 100퍼센트 그렇다.
꼭 필요한 것이 얼마나 적은지 깨달으면
자유로워진다.

투자자에게 돈을 요청하면
조언을 해주지만
조언을 구하면 돈을 줄 것이다.

우리가 스스로에게 하는 가장 큰 거짓말은
"기억할 테니 적을 필요가 없다"는 말이다.

비판은 개인적으로,
칭찬은 공개적으로 하라.

같은 실수를 반복하지 말고
새로운 실수를 하려고 노력하라.

당신이란 사람의 성숙도는
당신이 기꺼이 나누려는
불편한 대화의 횟수로 측정할 수 있다.

편리한 측정 방법 한 가지:
양팔을 어깨높이로 뻗었을 때
왼손 중지부터 오른손 중지까지의 거리가
당신의 대략적인 키다.

밤늦은 시간에 물건을 사지 마라.
다음 날 아침까지 기다리지 못하고
당장 사야 할 물건은 없다.

좋은 소식도 있고 나쁜 소식도 있을 때는
나쁜 소식부터 전하라.
우리는 이야기의 시작보다
끝을 더 잘 기억하기 때문이다.
그러니 좋은 소식으로 기분 좋게 끝내도록 하자.

공급업체, 근로자, 계약업체에
지급해야 할 돈은 즉시 지급하라.
그러면 그들이 다음에는
당신 일부터 해주려고 애쓸 것이다.

모든 협상에서 사용해야 할
가장 강력한 세 단어는
"그 이상도 가능할까요?"이다.

당신에게 필요한 세 가지는
어떤 일이 될 때까지 포기하지 않는 능력,
안 되는 것을 포기하는 능력, 그리고
그 둘을 구분할 수 있게 도와주는
사람들에 대한 신뢰이다.

모두가 휴대 전화를 내려놓고
함께하는 정기적인 식사만큼
가족에게 좋은 약은 없다.

'제시간' 도착이란 없다.
늦거나 일찍 오거나 둘 중 하나다.
어느 쪽인지는 당신의 선택에 달렸다.

What you do days matters: more than ___ on your ___

Chapter _____

on your bad

---

what you do
good days.

안 좋은 시기에 무엇을 하느냐가
좋은 시기에 무엇을 하느냐보다 중요하다

8

예술 활동은 이기적인 게 아니라
우리 모두를 위한 것이다.
예술가가 자기 일을 하지 않는다면
우리를 기만하는 것이다.

생존 상황에서 음식 없이는 3주,
물 없이는 3일을 버틸 수 있지만,
온기나 그늘 없이는 겨우 3시간을 버틸 수 있다.
그러니 음식 걱정은 하지 마라.
체온과 물에만 집중하라.

잘못을 저질렀을 때는
곧바로 피해자보다 더 가혹하게 자신을 벌하라.
역설적이게도 이것이
그들의 분노를 누그러뜨릴 수 있다.

외로움을 느끼지 않고 혼자 있는 법을 배워라.
창의성을 위해서는 고독이 필수다.

그만두고 싶을 때는
5분만 더, 5페이지만 더, 다섯 걸음만 더 지속하라.
그리고 그것을 반복하라.
때로는 돌파구를 찾아 계속할 수 있고,
그러지 못하더라도 그만큼 더 나아가게 된다.
그만두더라도 오늘이 아니라
내일 그만두겠다고 자신에게 말해보자.

누군가에게 임신 여부를 절대 묻지 마라.
당사자가 말하게 하라.

안 좋은 시기에 무엇을 하느냐가
좋은 시기에 무엇을 하느냐보다 중요하다.

존경하는 사람에게 물어보라.
행운은 주요 목표에서
우회하는 도중에 일어났다고 할 것이다.
그러므로 우회를 받아들여라.
인생은 누구에게도 일직선이 아니다.

부유해지기 위해 돈을 더 벌 필요는 없다.
대개는 이미 수중에 들어오고 있는 돈을
더 잘 관리할 필요가 있다.

청중에게 이야기할 때는 자주 말을 끊었다 해라.
새로운 방식으로 말하기 전에 잠시 멈추어주고,
중요하다고 생각하는 말을 한 후에도
잠시 멈추어주고, 청중에게
세부 사항을 흡수할 짬을 주기 위해서도
중간중간 말을 멈추어주어라.

인터넷에서 정답을 얻는 가장 좋은 방법은
명백히 틀린 답을 게시하고
누군가 정정해주기를 기다리는 것이다.

나쁜 행동을 벌하기보다
좋은 행동을 추켜세우면
10배는 좋은 결과를 얻을 수 있다.
어린이와 동물의 경우 특히 그렇다.

이메일 내용만큼 제목의 작성에 시간을 들여라.
왜냐하면 사람들이 이메일 제목만
읽는 경우가 많기 때문이다.

입사 지원자의 추천서를 확인할 때
고용주가 부정적인 언급을 꺼리거나
금지되어 있을 수 있으므로
"이 지원자를 매우 훌륭한 인재로 강력히
추천한다면 답장 주시기 바랍니다"라는
메시지를 남기거나 보내라.
회신이 오지 않으면 부정적인 답변으로 간주하라.

폭풍이 지나기를 기다리지 말고
비를 맞으며 춤을 추어라.

사람들이 가지고 있으면 좋을
물건을 만들어라.

호텔 객실에서는 모든 물건을
서랍이 아니라 눈에 잘 보이는 곳에 두어라.
이렇게 하면 호텔에 물건을 놓아두고
오는 일은 절대 없을 것이다.
충전기 같은 것을 구석에 두어야 한다면
큰 물건 두어 개도 함께 놓아두어라.
물건 세 개를 놓고 올 가능성이
한 개를 놓고 올 가능성보다 낮기 때문이다.

칭찬을 부정하거나
회피하는 것은 무례한 행동이다.
그럴 자격이 없다고 생각되더라도
감사한 마음으로 칭찬을 받아들여라.

기념물 옆에 있는 명판은 항상 읽어라.

어느 정도 성공을 거두면
사기꾼이 된 것만 같고
'내가 누구를 속이고 있는 거야?' 싶을 수 있다.
하지만 독특한 재능과 경험을 바탕으로
당신만 할 수 있는 일을 해낸다면
당신은 절대 가짜가 아니다.
당신은 그렇게 운명이 정해진 사람이다.
당신만 할 수 있는 일을 하는 것이
당신의 숙명이다.

자동차 여행을 할 때
어린아이들이 얌전히 행동하게 하려면
그들이 좋아하는 사탕 한 봉지를 준비해두고
떼를 쓸 때마다 하나씩 창밖으로 던지도록 하라.

특정 작업을 해줄 사람에게
얼마를 지급해야 할지 모르겠을 때는
당사자에게 '적정가가 얼마인지' 물어보라.
대개 그들이 말한 금액이 적정한 보수다.

일반적인 부동산 구입 전략은
가장 좋은 거리의
가장 나쁜 건물을 구입하는 것이다.

똑똑한 사람들을 단지 돈 때문에
대단히 열심히 일하게 만들 수는 없다.

교육받는 기술의 절반은
무엇을 무시해도 되는지 배우는 것이다.

만약 당신이 하는 일을
다른 사람에게 숨기고 있다면
아마 당신에게 좋은 일이 아닐 것이다.

매우 정확한 절단이 필요할 때는
한 번에 자르려고 하지 마라.
대신 조금 크게 자른 다음
정확한 크기가 될 때까지 조금씩 계속 다듬어라.
전문 제작자들은 이를
정밀 절단 기술이라고 부른다.

사람들이 자신을
중요한 사람으로 느끼게 해주어라.
그러면 그들도 행복해지고 당신도 행복해진다.

서로 일치하는 부분을 끊임없이 찾고
그 부분에 집중하라.
서로의 차이는 예외적 경우로 보일 것이다.

모든 것의 90퍼센트는 쓰레기다.
만일 당신이 오페라, 로맨스 소설, 틱톡,
컨트리 음악, 비건 음식, NFT를
좋아하지 않는 것 같다면, 쓰레기가 아닌
10퍼센트를 찾을 수 있는지 계속 살펴봐라.

당신은 당신을 위해
아무것도 해줄 수 없는 사람들을 얼마나
잘 대우해주느냐로 평가받을 것이다.

우리는 하루에 할 수 있는 일들을 과대평가하고
10년 안에 달성할 수 있는 일들을
과소평가하는 경향이 있다.
10년만 투자하면 기적 같은 일이 일어날 수 있다.
긴 시간을 투자하면
작은 성과들이 쌓여 큰 실수도 극복할 수 있다.

당신이 상대방의 이름을
기억하고 있음을 알려주면 상대방도 당신의
이름을 절대 잊지 않을 것이다.
처음 이름을 들었을 때 반복해서 되뇌면
이름을 기억하는 데 도움이 된다.

가장 좋은 일자리는
당신이 자격이 안 되는 일이다.
그런 일자리는 전력을 다하게 하기 때문이다.
그러니 자격이 안 되는 일자리에만 지원하라.

Avoid _____
a hat that _____
character _____

_____

Chapter _____

_____ wearing
_____ has more

than you do.

자신보다 개성이 강한 모자를 쓰지 마라

9

당신은 되고 싶은 무엇이든 될 수 있다.
그렇다면 회의를 빨리 끝내는 사람이 되어라.

중고책을 사라.
중고책도 내용은 새 책과 같다.
도서관을 이용하는 방법도 있다.

한 현자가 말했다.
말하기 전에 세 개의 관문을 거쳐라.
첫 번째 관문에서
"이 말이 사실인가?" 자문하라.
두 번째 관문에서
"필요한 말인가?" 자문하라.
세 번째 관문에서
"친절한 말인가?" 자문하라.

"이제 무엇을 해야 하지?"라는 질문에 대한
생산적인 답변은 먼저
"나는 어떤 사람이 되어야 하는가?"라는
질문부터 해결할 때만 가능하다.

비행기에 탑승하거나 호텔 객실에 도착하거나
새로운 직장에서 근무하기 시작할 때
비상구부터 알아두어라. 1분이면 된다.

최고의 투자 조언은 이것이다.
평균 수익률을 평균 이상의 기간에 걸쳐
유지하면 뛰어난 투자 성적을 얻을 수 있다.
매수 후 보유하고 있어라.

계단으로 걸어 다녀라.

무언가에 치르는 실제 비용은
표시된 가격의 두 배가 될 수 있다.
그것의 설치, 학습, 관리, 보수, 그리고 사용 후
폐기에도 에너지, 시간, 돈이 들어가기 때문이다.
가격표에 찍힌 가격이 전부가 아니다.

어린 학생이 학습을 힘들어 한다면
제일 먼저 시력부터 확인하라.

무례한 낯선 사람을 매우 정중히 대하는 것은
짜릿한 일이다.

대부분의 기사와 이야기는
원고의 첫 페이지를 삭제하면 크게 개선된다.
바로 사건으로 들어가라.

가끔 기만당하는 것은
모든 사람의 최선을 신뢰하는 데
따르는 작은 대가다.
다른 사람들의 최선을 믿을 때
대체로 그들도 나를 최고로 대우하기 때문이다.

그다지 똑똑하지 않아도
의사소통에 능한 사람이
대단히 똑똑하나
의사소통에 능하지 못한 사람보다
훨씬 더 좋은 성과를 낼 수도 있다.
이것은 좋은 소식이다.
왜냐하면 지능보다는 의사소통 능력을
향상시키기가 훨씬 쉽기 때문이다.

"잘 드는 칼이 어디 있더라?" 또는
"잘 써지는 펜이 어디 있더라?"라는 생각을
하곤 한다면 주목하라.
그건 그 물건들의 품질이
좋지 않다는 뜻이므로 없애버려라.

자녀에게서 최상의 결과를 얻으려면
그들에게 써야 한다고 생각하는 돈은
절반만 쓰고 그들과 함께 보내는
시간을 두 배로 늘려라.

자신보다 개성이 강한 모자를 쓰지 마라.

앞을 내다볼 때는 목적지보다 방향에 집중하라.
방향만 잘 유지하면
원하는 목적지에 도착할 것이다.

일상을 벗어날 수 있는 모든 것이 예술이다.

현재 사는 도시나 지역의
최신 관광 안내서를 구입하라.
1년에 한 번씩 관광객 노릇을 해보면
많은 것을 배울 수 있다.

영웅이 되려면
삶을 바꿔준 선생님께 감사하라.

정원 호스나 연장 전선, 사다리를 살 때는
필요하다고 생각하는 길이보다 한참 더 긴 것을 사라.
그게 딱 맞는 길이일 것이다.

생각이 막히면 다른 사람에게 문제를 설명하라.
문제를 설명하는 것만으로
해결책이 나오는 경우가 많다.
'문제의 설명'을
문제 해결 과정의 일부로 삼아보자.

소문난 음식을 먹기 위해
줄을 서서 기다리지 마라.
기다릴 만한 가치가 있는 경우는 거의 없다.

누군가를 소개받으면
눈을 맞추고 속으로 4까지 세거나
"당신을 보고 있어요"라고 말하라.
두 사람 다 서로를 기억하게 될 것이다.

구성원들에게 그들이 인정받고
있음을 보여주는 것만으로도
집단의 능력을 훨씬 뛰어넘는
성과를 거둘 수 있다.

프로가 되어라. 백업을 백업하라.
최소 하나의 물리적 기기에 백업해두고
클라우드에도 백업해두어라.
각각 하나 이상을 백업하라.
데이터와 사진, 메모를 모두 날린다면
복구 비용으로 얼마를 내겠는가?
후회에 비하면 백업 비용은 저렴하다.

대중적 성공을 위한 처방은
생소한 일을 하라는 것이다.
기이한 시도를 습관화하라.

당신의 시간과 공간은 한정되어 있다.
더 이상 기쁨을 주지 않는 것들을 치우고,
나눠주고, 버려서 기쁨을
주는 것을 위한 시공간을 확보하라.

비상 상황을 알리려면
3의 법칙을 따라라.
3번 외치거나,
3번 경적을 울리거나,
3번 호루라기를 불어라.

자신의 내면을
다른 사람의 외면과 비교하지 마라.

탐색할 것인가 아니면 최적화할 것인가?
당신은 잘 팔릴 거라고 믿는 것을 최대한 활용하는가,
아니면 새로운 것을 탐색하는가?
식당에서 맛있다고 확신하는 요리를 주문하는가(최적화),
아니면 새로운 요리를 시도해보는가?
계속 새로운 사람과 데이트하는가(탐색),
아니면 만나던 사람과 약속을 잡으려 하는가?
새로운 것의 탐색 대비 이미 발견한 것의 최적화의
이상적인 균형은 1대 2이다.
시간의 3분의 1을 탐색에, 3분의 2를 최적화와 심화에 써라.
나이가 들수록 탐색은 비생산적으로 보여
시간을 할애하기가 어려워지지만,
3분의 1을 할애하기를 목표로 하라.

첫 번째 아이디어가 가장 좋을 때도 가끔 있지만,
보통은 다섯 번째 아이디어가 가장 좋다.
뻔한 아이디어들은 모두 버려야만 한다.
자신을 놀라게 해보라.

Actual great

will not have
Opportunitie
in the _____

Chapter _____

pportunities "Great

subject line.

진짜로 좋은 기회는
"좋은 기회"라는 제목을 달고 찾아오지 않는다

10

낡은 것과 싸우려 하지 말고
그냥 새것을 만들어라.

진짜로 좋은 기회는
"좋은 기회"라는 제목을 달고 찾아오지 않는다.

누군가 인류 역사 최고의 시기, 상황이
내리막을 달리기 전에 모든 것이 좋았던 시기를 꼽는다면
그가 10살 때쯤의 이야기일 것이다.
그때가 인간 존재의 절정기이기 때문이다.
그 점을 고려하고 그들의 이야기를 듣도록 하라.

방금 만난 사람의 진짜 성격을
빠르게 알아보려면
인터넷이 극도로 느린 상황에 놓인
그를 관찰해보라.

장거리 하이킹을 준비할 때는
어떤 종류든 신던 신발이 새 신발보다 낫다.
장거리 하이킹을 하면서
신발을 길들이려 하지 마라.

협상할 때 목표를
더 큰 파이 조각을 차지하는 데 두지 말고
파이를 더 크게 만드는 데 두어라.

당신을 화나게 하는 것들을 보면
당신이란 사람의 크기를 알 수 있다.

당신은 다른 사람의 2퍼센트만 보고,
그들도 당신의 2퍼센트만 본다.
숨겨진 98퍼센트에 눈을 떠라.

우리 후손들은
우리에게 놀라운 일들을 이루겠지만,
그들이 창조할 것들 가운데 일부는
상상력만 있으면 요즘 재료와 도구들로도
만들 수 있는 것들일 것이다.
더 크게 생각하라.

다른 사람들에게는 일처럼 보이지만
당신에게는 놀이인 일을 더 많이 하라.

끝내고 싶은 일이 있다면
바쁜 사람에게 그 일을 부탁하라.

수리 작업은 예상했던 것보다
3배의 시간이 걸린다는 점을 기억하라.
수리 기간을 3배로 잡고 예상했을 때조차 그렇다.

다른 사람을 모방하는 것은 좋은 시작 방식이다.
자신을 모방하는 것은
실망스러운 끝맺음 방식이다.

오늘 한 일을 365번 더 반복한다면
내년에는 원하는 위치에 도달할 수 있을까?

새 직장에서의 급여를 협상하기에
가장 좋은 시점은 회사가 채용 의사를 밝힌
이후이지 이전이 아니다.
그때부터는 누가 먼저 금액을 제시할지 눈치를 보는
치킨 게임이 되지만, 회사 측에서 먼저 금액을
제시하도록 하는 것이 당신에게 유리하다.

주의를 기울이는 것에 주의를 기울여라.

최대의 결과를 얻으려면
가장 큰 문제에 집중할 게 아니라
가장 큰 기회에 집중하라.

모든 혁신은 처음에는
터무니없고 어리석어 보인다.
사실 터무니없고 어리석어 보이게
시작되지 않는다면 그것은 혁신이 아니다.

정기적으로 자녀에게 책 읽어주기는
그들이 받을 수 있는 최고의 교육이다.

25세 이전에 담배를 피우지 않는다면
흡연을 시작할 가능성이 낮고,
25세 이전에 담배를 피운다면
평생 담배를 끊을 가능성이 낮다.

당신이나 당신의 일을 인정하지 않는 사람들이
얼마나 많은지는 중요하지 않다.
중요한 것은 인정해주는 사람들이
얼마나 되는가다.

교통사고가 발생한 후에는
차에서 내려 도로에 서 있는 것보다
차 안에 머무는 것이 훨씬 안전하다.
사고로 인해 또 다른 사고가
발생할 가능성이 있기 때문이다.

일자리를 구할 때는 당신 같은 사람을
필사적으로 찾고 있는 고용주가 어딘가에는
있다는 사실을 기억하라. 당신이 독특한 이력을
가진 사람이라면 더욱 그렇다. 당신의 진짜 임무는
그런 고용주를 찾는 것이며, 시간이 얼마나 걸리든
그 임무는 달성할 가치가 있다.

예상치 못한 상황을 피하기보다
정조준하는 인생을 살아라.

배고플 때 장을 보지 마라.

한 주제에 대한 당신의 의견이
다른 주제에 대한 의견을 토대로 예측된다면,
당신은 이데올로기에 사로잡혀 있는 것일 수 있다.
정말로 스스로 생각할 때는
결론이 예측되지 않을 것이다.

그저 격려의 말을 건네는 것만으로도
누군가의 삶을 더 나은 방향으로 바꿀 수 있다.

2분 이내에 끝낼 수 있는 일이 주어질 때는
즉시 해버려라.

신념이 강할수록
정기적으로 그 신념에
의문을 제기할 이유도 확실해진다.
자신이 믿는다고 생각하는
모든 것을 그냥 믿지 마라.

고객이 불만을 제기하면
설령 당신의 잘못이 아니더라도
항상 먼저 사과하고
"어떻게 해결해드리면 될까요?"라고 물어보라.
고객이 옳다는 자세로 응대하는 것은
사업을 성장시키기 위해 내야 하는
작은 세금이다.

누군가에게 20달러를 빌려주었는데
그가 갚지 않으려고 해서 다시는 만나지 못하게 된다면
그만한 가치가 있는 지출이다.

싫어하는 사람에게서 배움을 얻는 것은
개발할 가치가 있는 초능력이다.
우리는 이를 '겸손'이라고 한다.
이것은 멍청하고, 어리석고, 혐오스럽고,
미친 듯하고, 비열한 사람들의 성격적 결함에도 불구하고
그들 각자가 당신이 모르는 것을 알고 있으므로
그들로부터 가르침을 받는 용기와도 같다.

자동차 렌트비를 신용카드로 결제할 때
추가 보험에 가입하지 마라.

자신이 좋아하는 모든 것에 대해
적정선이 어디까지인지 자문하라.

등산객의 규칙은
넘어갈 수 있는 곳을 밟고 지나가지 않고,
돌아갈 수 있는 곳을 넘어가지 않는 것이다.

현명한 결정을 내리는 비결은
지금으로부터 25년 후에 돌아보는 것처럼
자신의 선택을 평가해보는 것이다.
미래의 자신은 어떻게 생각할까?

흥미를 끌려면 보기 드문 솔직함으로
자신의 이야기를 들려주어라.

청중에게 이야기할 때는
여기저기 시선을 주기보다는
몇 사람에게 시선을 고정하는 편이 낫다.
당신이 정말로 믿는 내용을 이야기하는지
당신의 눈이 사람들에게 전달해주기 때문이다.

매일 무언가를 창작해야 하는 주된 이유는
좋은 작품을 많이 버린 후에야
훌륭한 결과물에 도달하기 때문이다.
작품을 쉽게 버리려면 '작품이 더 나온다'라는
확신이 있어야만 한다.
이런 확신은 꾸준한 창작에서 나온다.

역경에 대처하는 방식은
많은 것을 가르쳐주긴 하지만
인성을 알려주는 진정한 테스트는 아니다.
진정한 테스트는 권력을 다루는 방식이다.
권력의 유일한 치유책은 운이 좋아 자신이
권력을 갖게 되었음을 인정하는 겸손함이다.
평범한 사람은 자신이 우월하다고 믿고,
우월한 사람은 자신이
운이 좋았다는 것을 인식한다.

자신이 싫어하는 것을 비난하기보다
좋아하는 것을 남에게 권할 때
당신도 더 성장하고
다른 사람들도 더 성장할 것이다.
인생은 짧으니 좋은 일에 집중하라.

공유할 때 한 사람은 나누고 상대는 선택한다.

자신의 성공이 덫이 되기가 쉽다.
실패하지 않을 일은 거절하고
실패할 수 있는 일을 수락하라.

불행은 남들이 가진 것을 원하는 데서 온다.
행복은 이미 자신이 가진 것을 원하는 데서 온다.

전기 작업을 할 때는
전압보다 전류의 세기에 주의하라.

What you do instead of ___ become ___
___ y

work might

ur real work.

일 대신 하는 일이 진짜 직업이 될 수도 있다

11

메시지를 전달하려면
전 세계 카피라이터들이 사용하는 공식을 따라라.
그것은 바로 단순화, 단순화, 단순화
그리고 과장이다.

컨디션이 가장 좋을 때
주변에 누가 있는지 주의를 기울여라.
더 자주 그들과 함께하라.

아무도 이름을 기억하지 못할 거라고 가정하라.
이전에 만났던 사람에게도
"안녕하세요, ~입니다"라고 이름을
다시 소개하는 호의를 보여라.

일 대신 하는 일이
진짜 직업이 될 수도 있다.

자녀를 위해 해줄 수 있는
가장 훌륭한 일은 배우자를 사랑하는 것이다.

다른 사람의 관점에서 사물을 볼 수 있는
능력이야말로 황금 티켓이다. 이러한 관점
전환은 진심 어린 공감을 가능하게 한다.
또한 다른 사람을 설득할 수 있게 해주며,
훌륭한 디자인의 열쇠가 된다.
다른 사람의 눈으로 관점을 전환하는 데
숙달되면 수많은 문이 열릴 것이다.

너무 빠해서 '말할 필요도 없다'라고
생각하고 있다면
그냥 말하는 것이 모든 사람에게 최선이다.

명상을 하려면 앉아서 호흡에 주의를 기울여라.
이런저런 생각이 떠오를 것이다.
그럴 때는 다시 호흡에 주의를 집중하여
생각을 떨쳐. 생각이 떠오르면 밀어 넣어라.
아무 생각 없이 다시 호흡에 집중하라.
그게 전부다.

지금부터 5년 후 당신은
오늘 시작했더라면 좋았을 거라고
후회할 것이다.

만약 우리 모두 각자의 문제를 한데 던져놓고
다른 사람들의 문제를 본다면
즉시 자신의 문제를 도로 집어들 것이다.

감성도 지성과 마찬가지로
교육할 필요가 있다.

과거는 바꿀 수 없어도
과거에 관한 이야기는 바꿀 수 있다.
중요한 것은 당신에게 일어난 일이 아니라
당신에게 일어난 일을 어떻게 다루었는가다.

멋진 여행을 하려면 장소가 아니라
관심사를 찾아다녀라.
여행지보다는 열정을 따라 여행하라.

자녀가 자신이 받을 벌을 선택하게 하라.
그들이 부모인 당신보다 엄할 것이다.

정원을 가꿀 때 10달러짜리 식물을 위해
100달러짜리 구덩이를 파라.

인생의 위기마다
'일어날 수 있는 최악의 상황은 무엇일까?'
충분히 생각해보라.
'최악의 상황'에 대한 대응을 미리 생각해두면
그것이 모험처럼 다가오면서
방해받지 않을 수 있다.

버릴 책부터 하나 써보라.
형편없는 책을 써봐야만 훌륭한 책을 쓸 수 있다.
영화, 노래, 가구 등 모든 일이 마찬가지다.

높은 목표의 경우 도달해야 할 지점이 아니라
시작한 지점에서부터 당신의 발전을 측정하라.

옷에 묻은 얼룩은 젖은 상태에서 제거할 때
말끔히 제거될 가능성이 크다.
마른 다음에는 얼룩을 빼기가 훨씬 어렵다.

분노에 대한 적절한 반응은 분노가 아니다.
분노한 사람을 보면 그의 고통이 보인다.
연민이야말로 분노에 대한 적절한 반응이다.

정말 좋아하는 일을 찾았다면
천천히 해보라.

짖는 개는 무시하라.
짖지 않고 달려드는 개를 경계하라.
그런 개가 사람을 문다.

당신이 평균 수준이라고 가정하면
세상 사람의 절반은
당신보다 능숙하지 못할 것이다.
그들의 잘못이 아니지만,
그중 다수는 양식이나 복잡한 지시,
까다로운 상황을 잘 처리하지 못한다.
세상은 그들에게 친절하지 않으므로
당신이라도 친절하라.

결점과 장점은 같은 특성의 두 극이다.
예컨대 고집과 인내 또는 용기와 어리석음 사이에는
아주 작은 차이가 있을 뿐이다.
유일한 차이점은 목표에 있다.
목표가 중요하지 않다면
어리석은 고집과 무모한 어리석음이고,
목표가 중요하다면 끈질긴 인내와 용기다.
결점이 있어도 당당해지려면 결점을 인정하고
중요한 일을 밀고 나가도록 하라.

거의 항상 끝은
더 나은 무언가의 시작이다.

베풂으로 인해 가난해지는 것은 불가능하다.
베풂 없이 부유해지는 것은 불가능하다.

초반에 건설적인 비판을 구하려고 노력하라.
무엇이 잘 안 되고 있는지
가능한 한 빨리 듣고 싶을 것이다.
끝나고 나면 개선할 수 없기 때문이다.

말을 더 잘하고 싶다면
자신이 말하는 모습을 녹화해서 보라.
충격적이고 고통스럽지만
효과적인 방법일 수 있다.

무능력으로 설명할 수 있는 것을
악의 탓으로 돌리지 마라.

걱정은 쓸모없는 짓이다.
당신이 걱정하는 일의 99퍼센트는
일어나지 않을 게 확실하니까.

URL에 'truth'가 들어가는 웹사이트는
전부 무시해도 된다.

약속을 지키는 데 관대해야 하므로
약속을 하는 데는 극히 인색해야 한다.

미래가 명확하게 전망된다고 해서
그런 미래가 머지않았다고 착각하지 마라.

적절한 사과는
후회(상대방에 대한 진정한 공감),
책임(다른 사람에 대한 비난 배제),
해결책(해결하려는 의지),
이 세 가지를 전달해야 한다.

젊은이들에게 조언해주는 가장 좋은 방법은
그들이 정말로 하고 싶은 일을 알아낸 다음에
그것을 하라고 권하는 것이다.

일반적으로 점진적인 작은 변화보다
대담하고 큰 변화를 일으키기가 훨씬 쉽다.

추악한 비밀은 모든 사람,
특히 유명한 사람들이 동조하면서
지어내는 것이다.

완벽이란 없으며 발전이 있을 뿐이다.
일을 완료하는 것이
완벽함을 도모하는 것보다 훨씬 낫다.

어떤 좌절도 일시적일 뿐이라고
믿음으로써 운이 좋은 쪽을 선택하라.

당신이 하는 일을 하는 사람이 아무도 없다면
당신은 이력서가 필요하지 않을 것이다.

논쟁 중에 긴장감을 낮추려면
상대방의 보디랭귀지를 그대로 따라 하라.

큰 보상을 받으려면 자신이 관심 없는 것들에
특별히 호기심을 가져라.

도둑을 식별하기는 어렵지 않다.
모든 사람이 도둑질한다고 믿는 사람이
바로 도둑이다.

우리는 무의식적으로 자기 모습을 보면서
주의가 산만해진다.
줌의 셀프 뷰를 끈다면
온종일 화상 회의를 하면서 오는 피로를
많이 줄일 수 있다.

자신이 좋아하는 작가가 읽었던
책들을 읽어보라.

결정을 내릴 수 없을 때는
"어떤 선택이 지금보다 나중에 더 큰 성과를 낼까?"라고
스스로 질문해보라.
쉬운 선택은 곧바로 성과를 내고,
최상의 선택은 마지막에 성과를 낼 것이다.

아이디어가 머릿속에 남아 있는 동안은 완벽하다.
하지만 완벽한 것들은 결코 현실적이지 않다.
아이디어가 생기는 즉시 글로 쓰거나, 스케치하거나,
프로토타입을 만들어라. 이제 불완전해진 아이디어는
현실에 훨씬 가깝다.

별점 3개짜리 제품 리뷰를 신뢰하라.
제품의 실제 상태대로
좋은 점과 나쁜 점을 모두 알려주기 때문이다.

항상 자신이 원하는 것부터 먼저 요구하라.
이는 관계, 사업, 인생 모두에 해당된다.

당신이 아무 말도 하지 않더라도
귀 기울여 듣는다면 사람들은
당신을 대화에 능한 사람이라고 생각할 것이다.

호기심은 확실성에 치명적이다.
호기심이 많을수록 확신은 줄어들 것이다.

돈으로 살 수 있는 것이 아니라
돈으로 살 수 없는 것으로 당신의 부를 측정하라.

When you ___ waiting, ___ they begin to your flaws. ___

Chapter _____

keep people

think of all

당신이 사람들을 계속 기다리게 할 때 사람들은
당신의 모든 결점을 생각하기 시작한다

12

자신의 실수로부터 배우려면
먼저 실수를 웃어넘겨라.

애써 훈련시킨 사람이 떠나는 것은
안타까운 일이지만 더 나쁜 일은
훈련시키지 않은 사람이 계속 남는 것이다.

논쟁의 여지가 있는 문제에 대한
당신의 의견은 반대편만큼
반대 의견을 주장할 수 있을 때 힘을 얻는다.

당신이 사람들을 계속 기다리게 할 때
사람들은 당신의 모든 결점을 생각하기 시작한다.

한 방울씩 쌓이다 양동이째 잃는 것이 신뢰다.
변함없는 정직함은
신뢰를 굳히는 데 도움이 될 것이다.

정직한 친구는
당신에게 아무것도 바라지 않는 사람이다.

인생의 3분의 1은 침대에서 자면서 보내고,
거의 3분의 1은 의자에 앉아서 보낼 것이다.
따라서 편안한 침대와 아주 좋은 의자에
투자할 가치가 있다.

경청의 목적은 대답하는 데 있는 게 아니라
말해주지 않는 내용을 듣는 데 있다.

반드시 볼 영화라면
예고편을 봐서 재미를 떨어뜨리지 마라.
볼지 말지 확실하지 않거나
볼 가능성이 없는 영화만 예고편을 보라.

최고의 스승은
자신이 지난번에 저지른 실수다.

모든 휘발유 차량의 계기판에는
작은 화살표가 있는 주유기 모양 표시가 있다.
이 화살표는 차의 어느 쪽에
주유구가 있는지 가리키는 것이다.
차를 빌리거나 렌트할 때 이 점을 기억하라.

집에 전시해놓기에 완벽한 예술 작품은
자녀가 잊어버리지 않을 듯한 특이한 작품이다.

업무 수행 방식을 개선하는 데
하루의 1퍼센트인 단 15분만 투자해도
업무 성과를 높이고 발전시킬 수 있는
가장 강력한 방법이 된다.

자녀에게 오늘 무엇을 배웠는지 묻는 대신
누구를 도와줬는지 물어보라.

행복을 죽이는 가장 큰 요인은 비교다.
꼭 비교해야겠다면
어제의 자신과 오늘의 자신을 비교하라.

20대는 특이하고, 기이하고, 대담하고,
위험하고, 설명할 수 없고, 말도 안 되고,
수익성 없고, '성공'과는 거리가 먼
몇 가지 일을 해보기에 완벽한 시기다.
이러한 경험은 남은 생애에
뮤즈 역할을 해줄 것이다.

자신의 의견으로 자신을 정의하지 마라.
그러면 마음을 바꿀 수 없기 때문이다.
가치관으로 자신을 정의하라.

한 번 성공하려면 결과에 집중하고,
계속 성공하려면
결과를 만들어내는 과정에 집중하라.

이상적인 파트너는
의견의 불일치가 전혀 없는 사람이 아니라
기꺼이 이견을 내놓는 사람이다.

열린 마음은
열린 사고로 가는 가장 직접적인 길이다.

삶에 갇혀 있다면
한 번도 이름을 들어본 적 없는 곳으로
여행을 떠나 보라.

다른 사람의 견해에 호기심을 갖는 것은
그의 견해를 바꿀 수 있는 가장 강력한 방법이다.

당신이 직원들을 신경 쓰지 않는다면
그들도 당신의 임무를 신경 쓰지 않을 것이다.

회의의 속도를 높이려면
모든 참석자에게 다른 참석자들은 모르는
내용의 발언만 하도록 요구하라.

소비 부자에게는 돈이 있다.
자산 부자에게는 시간이 있다.
소비 부자가 되는 것보다
자산 부자가 되는 게 더 쉽다.•

• 소비 부자란 현재 소득과 소비가 많은 부자,
자산 부자란 자산을 확보해 수익을 만들어내는 진정한 부자를 말한다.—옮긴이 주

빨리 가고 싶으면 혼자 가라.
더 멀리 가고 싶으면 함께 가라.

최고의 인물 사진은 웃을 때가 아니라
웃고 나서 잠시 조용히 있을 때 찍힌 사진이다.
당신을 웃게 만드는 사진작가에게 맡겨라.

성장하면서 책임감이 커지지 않는다면
진짜로 성장하고 있다고 할 수 없다.

계획을 세울 때는
자신이 찾고 있는지도 몰랐던 것을
찾을 수 있도록
헤맬 수 있게끔 해야 한다.

모든 소유물은
자연히 수리와 관리를 필요로 한다.
결국 당신의 소유물들이
당신을 소유하게 될 것이다.
그러니 신중히 선택하라.

설명하기 어려운 것에 대해 글을 쓰려면
친구에게 왜 그렇게 설명하기 어려운지
상세히 편지를 쓴 다음 '친애하는 친구에게'
부분을 빼면 훌륭한 초고가 될 것이다.

일주일에 하루는 일도, 사업도, 소득 활동도
하지 않겠다고 약속하라.
그날을 안식일이라 불러라(이름을 붙이지 않아도 상관없다).
그날은 휴식과 재충전, 그리고 인생에서
가장 중요한 것을 가꾸는 데 써라.
직관과는 반대로 이 안식일은 한 주 내내
가장 생산적인 시간으로 판명될 것이다.

피해망상과 반대되는 섭리를 받아들여라.
온 우주가 당신의 뒤에서
당신을 성공시키기 위해
공모하고 있다고 믿는 쪽을 선택하라.

더 많은 선택지들을 열어주는 선택지를 골라라.

일반적으로 첫 번째 단계는
지난번 마지막 단계를 완료하는 것이다.
가득 찬 건조대에 식기를 꽂을 수는 없다.

일을 하다 막히면
가능성이 없을 방법들을 전부 적어보라.
효력이 있는 해결책으로 이끄는 씨앗이
그 목록에 있을 것이다.

나이와 상관없이
바로 지금이 당신의 황금기이다.
좋은 일들은 황금 같은 추억을,
나쁜 일들은 황금 같은 교훈을 가져올 것이다.

분노에 대한 가장 효과적인 치료법은 유보다.

평범한 것을 다시 바라보는 것이
예술과 문학, 코미디에서 하는 일이다.
그것들을 알아차리는 것만으로도
평범한 일상사를 마법 같은
경이로움으로 승화시킬 수 있다.

빈털터리로 죽는 것을 목표로 하라.
죽기 전에 전부 수혜자에게 넘겨라.
그편이 더 즐겁고 유용하다.
가진 돈을 다 써버려라.
장례식장 앞으로 써둔
마지막 수표가 부도 처리될 정도로.

느릿느릿 줄을 서는 노인이 보이는가?
그건 바로 미래의 당신 모습이다.
그러니 인내심을 가져라.

편히 감당할 수만 있다면
여러 가지 가족 의식을 만들어라.
크든 작든, 중요하든 유치하든,
일정으로 이루어지는 모든 것이 의식이 될 수 있다.
소소한 일상도 꾸준히
반복하면 전설적인 의식이 된다.
기대감이 핵심이다.

노화를 예방하는 가장 중요한 방책은
놀라운 마음을 계속 유지하는 것이다.

미술 활동은 빨래하기 전에.

인생 교훈은 당신에게
필요한 순서대로 주어지며,
교훈을 완전히 익히는 데 필요한 모든 것은
당신 안에 있다.
한 가지 교훈을 정확히 배우면
다음 교훈이 주어진다.
살아 있는 한 아직 배워야 할 교훈이 남아 있다.

자신이 한 일 때문에 후회하는 경우는 거의 없다.
하지 않은 일 때문에
후회하는 경우가 대부분이다.

당신의 목표는
죽기 전날 온전한 자신이 되었다고
말할 수 있는 것이다.

이런 조언은 법률이 아니다.
모자와 같은 것이다.
하나가 맞지 않으면 다른 것을 시도해보라.

김미정 옮김

서울대학교 사회교육과에서 학사 및 석사 학위를 받았으며 미국 일리노이대
학교에서 교육심리학 박사과정을 수료했다. 10년 이상 영상 번역가로 활동
했으며 현재 바른번역에 소속되어 활동 중이다. 옮긴 책으로는 『그릿GRIT』
『마지막 몰입』『최고의 변화는 어떻게 만들어지는가』『자본주의 대예측』
『톰 피터스 탁월한 기업의 조건』『누구와 함께 일할 것인가』『일의 천재들』
등이 있다.

위대한 사상가 케빈 켈리의
현실적인 인생 조언

초판 1쇄 인쇄 2024년 1월 19일
초판 1쇄 발행 2024년 1월 26일

지은이 케빈 켈리
옮긴이 김미정
펴낸이 이승현

출판1 본부장 한수미
컬처 팀장 박혜미
편집 박혜미
디자인 함지현

펴낸곳 ㈜위즈덤하우스 **출판등록** 2000년 5월 23일 제13-1071호
주소 서울특별시 마포구 양화로 19 합정오피스빌딩 17층
전화 02) 2179-5600 **홈페이지** www.wisdomhouse.co.kr

ⓒ 케빈 켈리, 2024

ISBN 979-11-7171-124-6 03190